...lach*B*eschleuniger...

Ernst Merz

Der 1945 geborene Lyriker lebt seit 1993 in Pforzheim.
Von 1960 - 1962 war er als Volkskorrespondent für die
Lausitzer Rundschau tätig.
Seit Eintritt in den Ruhestand widmet sich der gelernte
Ingenieur-Pädagoge dem Schreiben von gereimten Ge-
dichten, tiefgründig, aber auch oftmals mit Humor an-
gereichert.
Seine Themen rollen nicht nur gesellschaftliche oder
gesellschaftspolitische Probleme auf, sondern beschrei-
ben auch gerne die Natur und die Liebe.
Im Jahr 2017 kam ein neuer Gedicht-Stil hinzu.

Veröffentlichungen in Zeitschriften und diversen An-
thologien.

www.goldstadt-autoren.de

Ernst Merz

...lach*B*eschleuniger...

**Humorgeladene
gereimte Gedichte
und Limericks**

Bibliografische Information der Deutschen Nationalbiblio-
thek: Die Deutsche Nationalbibliothek verzeichnet diese
Publikation in der Deutschen Nationalbibliografie; detaillierte
bibliografische Daten sind im Internet über
http://dnb.dnb.de abrufbar.

© 2018 Ernst Merz
Coverzeichnung: Helga Wolff, Pforzheim
Covergestaltung und Satz: Claudia Konrad, Pforzheim
Lektorat: Dr. Wolfgang Weimer, Dobel

Herstellung und Verlag:
BoD – Books on Demand, Norderstedt

ISBN 978-3-7460-6466-6

Vorwort

Nachdem ich mich in meinen bereits
vier erschienenen Bänden
Sprudelnder Quell – Präsent in Reimen
mit den unterschiedlichsten Themenbereichen, wie

zwischenmenschliche Beziehungen
Liebe, Leidenschaft, Eifersucht
Natur in allen Facetten
Humoreske
Politik am Pranger

beschäftigt hatte, ist es meine Absicht, in diesem Band
explizit dem Gesicht des Lesers zu einem Lächeln oder
Schmunzeln zu verhelfen.
Neben den humorvoll angereicherten Gedichten
sind in Abständen auch Limericks eingebettet,
die ja bekannterweise eine Kurzform eines scherzhaften
Gedichtes darstellen. Diese Reimform habe ich für mich
neu entdeckt.

Für Gutelaunestunden müsste reichlich gesorgt sein,
sodass mir nur noch zu sagen verbleibt:
Viel Spaß!

Harte Landung

Lieg nichts tuend faul unter schattigem Baum,
seh vor mir ein Mädchen, ich glaube es kaum.

Die bronzene Haut, eng bikiniumschlungen,
entsteigt, wie mit Perlen bestückt, so dem Nass.

Erschein gegen sie alabastern und blass,
ihr Publikumsauftritt ist mehr als gelungen.

Graziös schwebt sie zu mir vom Badestrandsaum,
halt meine Gefühle nur mühsam im Zaum.

Sie gleitet, fast filmreif, galant in den Sand,
als Orientschönheit, nur ohne Gewand.

Aus reizend erotischem Mund quillt ein Lachen,
ihr Kuss hat mich sämtlicher Sinne beraubt.

Ich hab mich im siebenten Himmel geglaubt,
beim Speichelverschlucken komm ich zum Erwachen.

Nur kurz war der Traum von dem Graziensaphir,
stattdessen schnarcht laut eine Frau neben mir.

Kongruentverhalten

Zittermännchenrochen
kam galant und imposant dahergekrochen,
ihr zu imponieren, nebenbei auch Nebenbuhler auszu-
spionieren.
Seine Floskelflossensprache hat sie angesprochen,
gebrochen war der Bann, sein Charme gewann.
Viel hat er durch Arglist ihr versprochen,
lügenangereichert fiel ihm dies nicht schwer.
Vorgeplänkel hin und her,
und so kam es, wie es kommen muss,
voll Hochgenuss zum Unterwasserlustverkehr.
Was sie wollte, war sich binden,
er nur flirten, Lust empfinden.
Heuchelnd hat er Treue vorgespielt,
garantiert entstand der Schwur im Drange.
Streit nach Bindung in den Flitterwochen.
Ihm wurd bange in der Zange,
sie entpuppte sich als Schlange,
nicht nur typisch für die Rochen.
Hat den Klammerbraten spät gerochen,
sich verkrochen, denn er weiß,
Bleiben wird für ihn zu heiß.
Heirat wurd durch Fliehen annulliert,
flossenschwanzgesteuert Spaßobjekte anvisiert.
Sein Gespielinnengespiel ab heute,
Jagd nach jungnaiver Beute.
Längst intim bekannt sein nächstes Aufreißopfer,
fällt auf ihn herein, den Speicheltropfer, Sprücheklopfer.
Fisch und Mensch fast gleich im Kongruentverhalten,
Langzeitphänomen, bei Jungen wie bei Alten.

Der Pechvogel

Ungeahnt, dass sie sich räche,
spiegelglatt erschien die Fläche.
War inzwischen fern der Seiten,
ließ vom Vollmond mich begleiten.
Auf dem Schlittschuh fortbewegend,
fühlte ich mich frei und lebend.
Sah vergnügt am hohen Himmel
tausendfaches Sterngewimmel.
Stille herrschte auf dem Eise,
nur die Kufen schliffen leise.
Plötzlich naht ein berstend Krachen,
aus dem Antlitz glitt mein Lachen.
Risse klafften, meterlange,
elend wurd mir und auch bange.
Wie ein altes Tuch zerschlissen,
war die Eisschicht aufgerissen.
Doppelt diese Schrecksekunde,
sah mich schon auf Teiches Grunde.
Uferrand als Ziel im Blicke,
Grauen saß mir im Genicke.
Aus dem Lauf an Land gesprungen,
meine Rettung schien gelungen.
Tiefgeschockt auf Schusters Rappen,
tat nach Haus ich eilig tappen.
Lockend rief die warme Stube,
sah zu spät die Jauchengrube.
Tags darauf nur dumme Fragen,
musst im Pech noch Spott ertragen.

Ich wollt es euch gar nicht erst sagen,
seit Tagen, da plagt mich mein Magen.
Der Doktor, der meint,
wie ihm es erscheint,
wir könnten ein Schnäpschen vertragen.

Ein Mädchen aus besseren Kreisen,
sie lockte mit niedrigen Preisen.
Er wurd bei ihr krank,
kein Aids, Gott sei Dank,
wie konnte er nur so entgleisen?

Der ganz normale Wahnsinn

Autobahnfamiliendrama,
lang geplante Fahrt ins Glück.
Stop-and-go und kein Zurück,
schnell entlädt sich mieses Karma.
Kilometerstau am Stück,
nicht sehr weit sind sie gekommen.
Frust nährt Kinderquengelei,
aus dem Maulen wird Geschrei,
Mama ist davon benommen,
plärrend nerven alle drei.
Fernab lockt das Urlaubsziel,
angestaut drängt Kloverlangen.
Sehnsuchtsvolle Blicke, Bangen,
langsam wird der Druck zu viel.
Pull-Alarm hat angefangen,
rechts hinaus zum Autogrill.
Voller Hast die fünf Gestalten,
Wechselsachen sollten halten,
trocken bleiben, so Gott will.
Fünf am Tisch sich frei entfalten,
Kaba kippt auf frische Hose.
Nicht nur groß der Schreck,
auch der braun getünchte Fleck,
blass der Sohn, in starrer Pose.
Letzter Hosentausch zum Zweck,
Weiterfahrt, trotz schlechter Sicht.
Navi muss zum Endpunkt streben,
er war namensortsgleich vorgegeben,
falsche Auswahl kommt ans Licht,
wer verreist, kann viel erleben.

Alte Pantoffel

Was hast du an meiner Figur auszusetzen?
Das Doppelkinn stört dich, der Fettranzen auch.
Am Frühstückstisch fliegen im Nachthemd die Fetzen,
dein Haarschopf sieht aus wie ein blattloser Strauch.

Ich würde kaum wechseln die Hemden und Hosen,
nach vier Tagen Tragen kommst du schon in Wut.
Seit Jahren nichts weiter als Essen aus Dosen,
dein Wortschwall gleicht einem Tsunami als Flut.

Weil ich so laut schnarche, kannst du kaum noch schla-
fen,
das kreidest du fortwährend lautstark mir an.
Ich war für dein Nichtstun ein sicherer Hafen,
die Libido starb langsam ab, irgendwann.

In mir zeugt dein Auftritt vulkangleiches Beben,
harmonisch das Uhrwerk bei anderen tickt.
Verraten, verkauft und betrogen vom Leben,
in Hoffnung, dass Himmel Erlösung mir schickt.

So sinnlos, die Zeit im Disput zu vergeuden,
säh ich einen Ausweg, ich ging´ ganz gewiss.
Jedoch nähm ich mir meine einzigen Freuden,
versteck jeden Morgen BH nebst Gebiss.

Fünfte Jahreszeit

Faschingsfreude bringt oft Tränen,
weil man sich im Suff verliert.
Viele sich viel jünger wähnen,
ahnen nicht, was dann passiert.

Alkohol lässt Grenzen fallen,
schön erscheint jetzt jedermann.
Lässt der Sekt die Korken knallen,
heizt er Feierlaune an.

Bei Musik und lautem Grölen
schaltet der Verstand sich ab.
Manche fangen an zu nölen,
kommen erst mit Bier auf Trab.

Phase zwei ist eingeläutet,
jetzt beginnt die Grabscherei.
Liebelei wird angedeutet,
ist im Rausch doch einerlei.

Ein Gebiss ward aufgefunden,
Träger will da niemand sein.
So vergehn im Flug die Stunden,
keiner bleibt heut Nacht allein.

Ausgetobt, noch schwanken Wände,
die Erinn´rung kommt zurück.
Schneller Herzschlag, feuchte Hände,
Schweigen birgt das nächtig´ Glück.

Ein König verschwand hinter Türen,
dort konnt er Mätressen verführen.
Die Syphilis plagte,
und Lust, sie versagte,
vorbei alle Sexsuchtallüren.

Ein Herr aus dem pfälzischen Weiden,
der ließ sich zum sechsten Mal scheiden.
Weil sie ihm fremd ritt,
folgte ein Arschtritt,
den konnt´ sie partout nicht vermeiden.

Beiläufig

Mit Dackelblick macht Hündchen Platz vor mir,
die Rutenschlagzahl läuft auf Hochfrequenz.
Sein Futter portioniert auf Abstinenz,
obwohl kein Dackel, lieb ich dieses Tier.

Vertraut mir blindlings und bewacht das Haus,
bin ich mal weg, springt es aufs Bett und pennt.
Komm ich zurück, seh nur noch, wie es rennt,
sein Jaulen sagt mir: Ich muss dringend raus.

Auf mein geliebtes Wesen ist Verlass,
es ist der Champ, das zeigt der Züchterpass,
gesunder Nachwuchs, unser beider Ziel.

Da fehlt der Rasserüde noch als Ass,
seit Jahren such ich ohne Unterlass,
zu spät - ein Straßenköter deckt beim Spiel!

Damals

Als Säugling hab ich helles Bier nicht vertragen,
ich sollt daran nuckeln, weiß heut erst warum.
Zum Einschlafen, doch das vertrug nicht mein Magen,
brach alles heraus, Papi nahm es mir krumm.

An Brustwarzen Stillen, genüsslich sie reizen,
schrie alles herbei, wenn ich das nicht bekam.
Die Milchspender konnten Gefühle anheizen,
aus heutiger Sicht schien das äußerst infam.

Wie sollte die Schulzeit die Neigung noch ändern,
aus Brettergestellen wuchs stolz manche Brust.
Sie wippten und lockten, umhüllt von Gewändern,
das heimliche Tasten erhöhte die Lust.

Eroberte blindlings die Herzen der Frauen,
sie zockten mich ab, blieben dabei eiskalt.
Ernüchtert vom Schock, schwer mein Los zu verdauen,
ich zahlte jahrzehntelang Kindsunterhalt.

Wo ist sie geblieben, die Sturmzeit von gestern,
in Trauer schwelg ich der Erinnerung nach.
Es waren verdammt hübsche, lustvolle Schwestern,
ich konnt sie nicht halten, mein Acker liegt brach.

Der Libido ist jeder Ansporn vergangen,
zum Blickpunkt mutierte mein XXL-Bauch.
Wo früher mein Stolz in den Hosen gehangen,
versteckt sich ein schamhafter Zwerg hinterm Strauch.

Irrlichter

Ich höre die Stille, ich sehe das Dunkel,
so lautlos und blind und so fröstelnd die Nacht.
Dein Seelenstein scheint aus dir wie ein Karfunkel,
hast durch deinen Biss mich unsterblich gemacht,
bewusstseinsverloren ins Jenseits gebracht.

Es zieht magisch höllenwärts, unkontrollierbar,
im Sog fremder Mächte, mich aus dieser Welt.
Verweile bei Untoten, fast unvorstellbar,
als Zombie hab ich mich zu ihnen gesellt,
in mir sind Gefühl und Verstand abgestellt.

Aus Untiefen steigen wir auf, meist in Scharen
und schwärmen auf Menschenjagd blutrünstig aus.
Im Trieb muss der Pulk Traditionen bewahren,
Ergriffenen machen wir schnell den Garaus,
der Rauschzustand endet in Blutsausundbraus.

Nicht passend zu uns, seh ich plötzlich Gestalten,
vermummt und in weißen Gewändern wie Schnee.
Sie sind im Begriff, meinen Bauch aufzuspalten,
zu all diesem Tun fehlt mir jede Idee,
zu schwach die Narkose, ich lieg im OP.

Ein Autofahrer, stinkbesoffen,
hat einen Lampenmast getroffen.
Erhielt ein Schreiben:
durch Liegenbleiben
kann er auf Verjährung nun hoffen.

Die Maus hat ein Schlupfloch gefunden,
sie ließ sich den Käseschmaus munden.
Ein furchtbarer Knall,
sie kam prompt zu Fall,
die Schwanzspitze muss jetzt gesunden.

Das Meerungeheuer

Der Süden lockt zum warmen Bade,
ein Paar von nördlichem Gestade.
Das Wetter mies, davon zu viel,
fliegt Mann mit Frau zum warmen Ziel.
Im Wasser schwimmend, gut bewacht,
zieht er `ne Runde, wohl bedacht.

Was sollte ihn wohl hier verdrießen,
ist schlichtweg da, um zu genießen.
So klar das Meer, am Rand auch seicht,
ihm fällt das Schwimmen wirklich leicht.
Er plötzlich fürchterlich erschrickt,
als er vor sich nach unten blickt.

Kommt da doch heimlich angekrochen
ein riesengroßer Haihundrochen.
Die Richtung ist schnell vorbestimmt,
voll Panik er zum Ufer schwimmt.
Schluckt mehrfach Wasser einer Welle,
die unerwartet ist zur Stelle.

Mit letzter Kraft dem Tod entkommen,
hat er das Ufer schnell erklommen.
Er findet flugs sein Weib am Strande,
sie wartet voller Ungeduld im Sande.
Nun prahlt er vor ihr hell begeistert,
welch Heldentat er hat gemeistert.

Erwidert lachend Frau dem Gatten:
„Mein lieber Mann, das war dein Schatten!"

Zu viel erwartet

Gibt er heut endlich preis, wie oft er log,
mit fremden Weibern heimlich sie betrog?
Getreu dem Spruch „in vino veritas"
füllt sie ihm ständig nach sein leeres Glas.

Wünscht sehnlichst, dass zu später Abendstund
die Wahrheit endlich käm aus seinem Mund.
Er lallt stark angeheitert irgendwas,
sie selbst bleibt bei „in aqua sanitas".

Gießt ihm für heut den letzten Schoppen ein,
er wird schon plaudern nach dem vielen Wein.
Ein Übriges tut sicher frische Luft,
denkt sie sich insgeheim, doch schweigt der Schuft.

Er könnt sich offenbaren ihr im Bett,
im Negligé wirkt sie auf ihn kokett.
Selbst hier schweigt sich der Missetäter aus,
nur blödes Lachen kommt aus ihm heraus.

Vom Suff gezeichnet schläft er schnarchend ein,
sie flog auf „vin" und „veritas" herein.
Versucht es nächstes Mal mit Aquavit,
ihr letzter Wahrheitsfindungsfavorit.

Zu dünn

Ich will eine Schneefrau bauen,
Männer gibt es schon zuhauf.
Nehm die Mehrarbeit in Kauf,
viele werden nach ihr schauen.

Sie soll dünne Beine haben,
Taille schmal und ohne Bauch.
Femininer Hintern auch,
Schneemann kann sich daran laben.

Beide Arme sollten winken,
Busen stehend und recht voll.
Sicher findet er das toll,
Kreidestaub verhilft zum Schminken.

Rot die spitz geschürzten Lippen,
Kohleaugen schwarz und groß.
Frei im Blick der blanke Schoß,
wichtig ist, man sieht die Rippen.

Fehlt noch eine Sonnenbrille,
Hut und Täschchen sind ein Muss.
Schneemann lechzt nach einem Kuss,
wartet bis zur Abendstille.

Doch, o weh, in aller Frühe,
liegt sie da, komplett zerstört.
War selbst ich von ihr betört,
ganz umsonst die Liebesmühe?

Schneemann grinst, ihn lässt das kalt,
meint, nur Fülle bietet Halt.

Ein räudiger Hund kam gelassen
zum Fressnapf, um Futter zu fassen.
Da fauchte die Katz,
ihn traf ihre Tatz,
er kann halt das Mausen nicht lassen.

Sie lockte mich nach Blankenese,
ein Trick, denn sie war ein Chinese.
Total geisteskrank,
zog der sofort blank,
er wollte, dass ich dort verwese.

Geleimt

So anmutig lächelnd und hübsch ihre Augen,
wie prickelnd ihr Foto, verführerisch nett.
Sie schien mir so sexy, erotisch, adrett,
ein Date sollte zeigen, ob Worte was taugen,
die wir über Mails uns geschrieben gemeinsam.
Als Single seit Jahren fühlt´ ich mich sehr einsam.

Wie klopfte mein Herz, kaufte fünf rote Rosen,
sie dufteten herrlich, berauscht war mein Sinn.
Ihr Bild noch vor Augen, fast schmolz ich dahin,
»*Andrea*« der Name, versprach heiß zu kosen.
Ich flog wie mit Flügeln zu ihr durch die Gassen,
zum Treff meiner Sehnsucht, ich wollt nichts verpassen.

Kokett lächelnd saß auf der Parkbank alleine,
ein Mädchen, so auffällig, schrecklich geschminkt.
Hat mir mit `nem Fächer als Zeichen gewinkt,
kam forsch auf mich zu, netzbestrümpft, lange Beine.
Gesamtbild Fregatte von uralter Hanse,
»*Andreas*«, wohl richtig, erschien als `ne Transe!

Brass

Ein ES-Geschöpf ist mir heut Nacht begegnet,
erzählte mir, sein Auftrag sei geheim.
Sein Stern sei fern, auf dem es ständig regnet,
er stellte mir den Flug dorthin anheim.

Stieg voller Neugier ein in die Rakete,
wir flogen lichtgeschwind durch Raum und Zeit.
Zog nackt sich aus, und das etepetete,
ich fürchtete, jetzt ist es gleich soweit.

Doch zum Erstaunen fehlten ihm Organe,
als Unterschied vom reifen Mann zur Frau.
Empfand es peinlich nur und als Schikane,
die Landung war gelungen, punktgenau.

Um uns herum hört ich das Wasser rinnen,
ich spürte es, denn ich wurd furchtbar nass.
Das ES verschwand, es machte sich von hinnen,
ein feuchtes Laken blieb vom Traum und Brass.

Schizophrenes Ich

oute dich, komm heraus und sprich,
warum quälst du mich?
Schlichst dich heimlich ein,
um dich festzusetzen.
Wider Willen soll ich ätzen,
andere verletzen,
hundsgemein erscheint dein heilig Schein.
Ungefragt hast du mich auserkoren,
musste unverfroren
Niederträchtigkeiten in die Welt verbreiten.
Fühl mich hilflos und verloren.
Warst kurz vor dem anvisierten Ziel,
spiel mit anderen dein Spiel.
Scher aus meinem Körper dich hinaus,
Graus und Elend säst du aus.
Viel zu viel geschah,
eh ich sah,
dass mein wahres Ich,
mich ließ viel zu lang im Stich,
und durch dich,
nun perfider Zwietrachtstreuer ist.
Korsettiere Missgunst, Trug und List,
steck die Pein gleich mit hinein.
Scher dich ohne Frist,
nimm gleich mit den Seelenstein.
Deponier ihn sicher obenauf,
mach dich eilends auf und lauf,
potentielle Opfer warten längst darauf.
Schleich woanders dich als Zweitgeist ein,
grein dich aus, ich bleib allein.

Ein älterer Mann aus Herrieden,
den plagen derzeit Hämorrhoiden.
Im Schmerz schreit er laut,
die Frau nach ihm schaut,
laut lachen, das hat sie vermieden.

Im Schatten, da lag eine Schnecke,
vor Wind schützte sie eine Hecke.
Ein Pilzsammler tat
den Waldschrittspagat,
so brachte er sie um die Ecke.

Teenies Sorgen

Laufe zum Spiegel, halte dort inne,
völlig entkleidet schau ich hinein.
Was ich da sehe, ist eine Spinne,
lang deren Arme, lang ist das Bein.

Find mich entsetzlich, wo sind die Brüste?
Haare ganz spärlich unten herum.
Trage noch Spange, zu gern ich wüsste,
wann sie herauskommt, finde sie dumm.

Jetzt schon rasieren, wäre das wichtig?
Lidschatten tragen, für mich ein Muss.
Kommen dort Pickel, sehe ich richtig?
Rauf die Kosmetik, weg der Verdruss.

Traumberuf Model, würd dafür sterben,
schlank muss ich bleiben, ist mir bewusst.
Fehlt noch so vieles, hoff das wird werden.
Muss in die Schule, schieb erst mal Frust!

Sinnestäuschung

Verzückt von einer Elfenlichtgestalt,
bekommt die Anfangsschwärmerei
den Anschein einer Liebelei.
Mir ist ihr Ziel recht einerlei,
denn Tiefseeblicke lassen mich nicht kalt,
verspür des Zaubers Urgewalt.

Seh sie im flockengleichen Schwebeflug,
in mir wallt heiße Leidenschaft.
Doch schnell erschlafft die Manneskraft,
so auch mein letzter Lebenssaft.
Enttäuscht geh ich auf Elfenflugentzug,
ihr zu verfallen war nicht klug.

Nicht immer, wenn ein Lichtstrahl mich berührt,
muss es ein schwebend Elfchen sein.
Entpuppt er sich als Mystikschein,
ist meist der Grund verzehrter Wein.
Wenn mich der Alkohol zum Suff verführt,
lässt mich die Sinnestäuschung ungerührt.

Glückszahl Sieben

Im Feierabendstadtverkehr gefangen,
mich nervten kurze Ampelphasen.
Unendlich langsam schlichen Autoschlangen,
nur Grün erlaubte kurzes Rasen.
Konnt Mehrfachglück auf Arbeit gar nicht fassen,
hab alkoholisiert den Platz verlassen.

Beförderung, ich wurd Abteilungsleiter,
die Sekretärin inklusive.
Mit der Gehaltserhöhung ging es weiter,
Büro für mich, das Positive.
Schon auf der Hinfahrt konnt ich billig tanken,
so kam mein Aberglaube nicht ins Wanken.

Nur eines fehlte noch zur Glückszahl Sieben,
die Heimfahrtzeit heut mal zu toppen.
Die letzte Kreuzung ist als Spurt geblieben,
ein Blitzgewitter ließ mich stoppen.
Hineingerast ist mir ein Riesenschlitten,
das Blaulicht naht, was hat mich nur geritten?

Promille war gerichtlich nachgewiesen,
so blieb der Schaden an mir kleben.
Ich ließ mir meine Sieben nicht vermiesen,
auch fortan nicht in meinem Leben.
Bestraft, muss ich auf Schusters Rappen wandeln,
die *weiße Weste* Punkte jetzt verschandeln.

Wenn Schwiegermutter steht im Regen,
darf sich am Fenster nichts bewegen.
Bleibe still stehen,
bald wird sie gehen,
zum Heimgang hat sie meinen Segen.

Vom Himmel hoch kommt nichts hier an,
stiehlt gar das Zeug der Weihnachtsmann?
Das Fest bleibt aus,
der Strom fällt aus,
selbst in der Hose alles klamm.

Hängepartie

Tattoos verschönern allgemein die Haut,
doch was, wenn diese kommt ins Alter?
Stürzt ab der schöne bunte Falter,
wie sieht sie aus, die tätowierte Braut?

Bei Herkules in Farbe alles hängt,
die Keule halb verdorrt und trocken.
Verrutscht, der Hexe lange Socken,
das Altern hat vom Besen sie verdrängt.

Des Drachen Feuer ist längst ausgebrannt,
oval die Harley-Räder scheinen.
Ein Kunstwerk damals – jetzt zum Weinen,
von hinten wird noch ein Geweih erkannt.

Am schlimmsten ist für sie die Sommerzeit,
erstaunte Blicke und ein Schmunzeln,
Gemälde sinken ein in Runzeln,
viel Spott und Mitleid macht sich breit.

Eindeutig zweideutig

Dem stattlichen Platzhirsch ist eigen das Röhren,
beeindruckt das Rudel durch Stärke und Macht.
Sein Testosteronrausch scheint nie aufzuhören,
befällt ihn schon morgens, bis spät in die Nacht.
Tritt kampferprobt mutig Rivalen entgegen,
er selbst stetem Fremdgehtrieb machtlos erlegen.

Aus Neid lässt sein Damtier sich abseits begatten,
längst fällige Antwort auf Liebesverlust.
In Sprüngen zur Seite, die beide schon hatten,
vertreiben ihr Prachtexemplare den Frust.
Partout kommt ein Teilen für ihn nicht in Frage,
die Jungsporne werden zur lästigen Plage.

Mondän tritt zutage sein Großspurverhalten,
sucht weibliches Freiwild im Land überall.
Der Kraftprotz kann gut situiert sich entfalten,
die Kälber belegen den Sittenverfall.
Im Gang majestätisch, potenzimponierend,
verdrängt ihn ein Jungbock vom Platz, wie frustrierend.

Kneipeneinkehr

Spätzle, auch bekannt als Spatzen,
will davon noch mehr.
Zum Schluss noch Knöpfle, klein und fein,
sehen aus wie Glatzen, muss schmatzen beim Verzehr.
Speise übt inzwischen Wiederkehr, nach üblem Billig-
wein,
reichlich Bier stellt die Verdauungsweiche.
Gerstensaft aus Humpen, spülen fort die Klumpen,
lasse mich nicht lumpen, bestelle weiter zwei,
Tag für Tag das Gleiche.
Nach Stunden zeigt die Kneipenuhr auf Drei.
Sitz allein noch in der Runde, zu fortgeschrittner Stun-
de.
Hab mein Weibsbild ganz vergessen.
Spiegel spiegelt Antlitzfratzen.
Lass doch Katzen Spatzen fressen,
Schwaben lieben Spätzle.
Torkle heimwärts wie besessen,
vermiss grad jetzt mein Schätzle.
Hirnakrobatik im Suff,
all die Teigwarennamen Blöff, ich sag Bluff.
Schwöre, nie mehr saufen,
scheiß Wein, Schnaps und Bier, dazu die vielen Spätzle.
Kann kaum kriechen, geradeaus laufen,
verdammt, die Kirchturmuhr schlägt bereits vier!

Im Spiel durch Meiers Ackerschollen
zwei Hunde wie verrückt sich tollen.
Jäger ohne Brille,
schießt in Abendstille,
sein Dackel blieb seitdem verschollen.

Ein Braundalmatiner ging baden,
sie sah ihn und bellt: "Euer Gnaden."
Er ließ sich nicht zwingen,
die Maid zu bespringen,
die Welpen sind braunpunktbeladen.

Neid im Zwiespalt

Machos gibt es schon seit tausenden von Jahren,
nur im Tierreich fällt dies nicht besonders auf.
Möchtegerns, gekrönte Popstars, Modezaren,
jeder will der Beste sein beim Eierlauf.
Löwenmännchen spielen Pascha, dominieren,
lassen Beute jagen, die als Erste sie sezieren.

Autos, Uhren, Schmuck als Status der Elite,
wertet sie im Gegensatz zum Pöbel auf.
Hinter dem Glamour steckt oftmals eine Niete,
Neid der Mittellosen nehmen sie in Kauf.
Wie bei Göttervögeln schillert ihr Gefieder,
durch den Botoxwahn kommt schlaffe Haut nie wieder.

In den Kreis der Auserwählten zu gelangen,
hilft ein Erbe oder Lottohauptgewinn.
Bin im Glauben an den Aufstieg fest verfangen,
hätte dann die Chance auf einen Neubeginn.
Machosein, wird es das Schicksal mir vergönnen?
Bravourös würd ich dann Eierlaufen können.

Selber schuld!

Beschwipst und vergnüglich verlass ich die Runde,
noch lach ich, der Ärger, er wartet daheim.
Sing laut meine Lieder, ich komm vom Verein,
statt dreißig Minuten brauch ich eine Stunde.

Zu gut schmeckten zehn dieser Schnäpse und Biere,
ich hatt vor Vergnügen die Zeit nicht im Blick.
Erwarte vom Hausdrachen lautstark Kritik,
sie weiß nicht, wie ich mich dabei amüsiere.

Versuch sie im Bett von dem Ärger zu trösten,
in Vorfreude bin ich, wie immer, zu schnell.
Berauscht dreht sich in mir das Sexkarussell,
denn lüsterne Wünsche sind dabei am größten.

Mein Atem lässt selbst noch die Toten erwachen,
sie flüchtet, kein Wunder, nun lieg ich allein.
Ich tröste mich über Enttäuschung mit Wein,
ein hitziger Ehestreit wird sich entfachen.

Am Morgen darauf nur Gezeter und Zicken,
mach zwangsweise selbst mir mein Brot und Kaffee.
Selbst schuld, denk ich danach, komm auf die Idee:
Die Runde wird abends mich wieder erblicken.

Luder

In Niedersachsens Kreisstadt Brake,
macht ich Bekanntschaft einer Krake.
Erbat, dass sie sich unterhake,
entpuppte sich als Kakerlake.
War äußerst geldgierig die Schnake,
goss in mich rein die Chinasake.
Fiel daraufhin in eine Lake,
ein Handy war die Rettungsbake.
Mit laubfroschähnlichem Gequake
ging heimwärts ich im Suffgestake.
Trat torkelnd auf die Zinkenrake,
ein Startsignal für die Kloake.
Mein Nachbar half, er ist Slowake,
auf ersten Blick ein Urmakake.
Er kannte schon die fiese Gake,
sie stahl ihm seine Hanftabake.

Der Speckduft drang durch alle Ritzen,
da blieben Mäuse nicht lang sitzen.
Ein furchtbarer Knall,
die Maus kam zu Fall,
den Rest sah man fluchtartig flitzen.

Der Weihnachtsmann trifft einen Hasen,
die Eier sollt er ihm ausblasen.
Sie hängen zum Fest,
im Grünzweiggeäst,
bemalt, nicht wie Ostern im Rasen.

Eingeschlafen

Ein Osterhas hat sich verlaufen,
war zwischendurch schnell einen saufen.
Die Eiertour, die war gelaufen,
ihn wird der Boss sich morgen kaufen.

Wollt seine Durstqual schnell mal stillen,
trank Bier und Schnaps voll Widerwillen.
Sah alles doppelt durch Pupillen,
die Gäste drohten, ihn zu grillen.

Voll Panik hat er losgelogen,
in seinen Eiern wären Drogen.
Die Angst hat ihn dazu bewogen,
der Schwindel war schnell aufgeflogen.

Im Schlängelzickzack konnt er fliehen,
den Auftrag hieß es durchzuziehen.
Bestückte Nester rasch im Knien,
die Kluft als Hase war geliehen.

Schlief trunken ein beim Eierstecken,
auf Rasengrün und unter Hecken.
Das Kinderlachen tat ihn wecken,
sein Job, fürwahr kein Honigschlecken.

Zombiegewimmer

Markerschütternd schrill, nicht leise,
Greise in Lumpen und Fetzen,
hetzen ein fliehendes Frauenzimmer.
Grauenerweckende Halbtodgestalten,
nichts kann sie halten,
selbst nicht Gewalten.
Schleppen ihr Opfer zum Galgen,
balgen sich dort um den Strick,
dick ist er, geflochten aus Algen.
Psychen sind irreparabel gespalten,
hängen das Weib,
unter Gejohle bricht das Genick.
Letztes Zucken im Leib,
Exitus zeichnet den Blick.
Lebensgeister entweichen,
schleichen zu ihresgleichen,
Opfer modert dahin im Schlick.
Es war Mord, kein Missgeschick.
Seelenberaubt steigt empor sie als Leiche,
wandelt im Mondscheinlicht
blutlos weiter, als Außenseiter,
Irrsinn stellte die Weiche.
Bleich ihr Gesicht,
Klagenflut und Wut der Wegbegleiter.
Schließt sich an, dem Untotreigen,
Himmelsgeigen schweigen,
sind verstummt.
Wer diesen Monstermythos glaubt, verdummt!

Wider Willen

Stolzier, Weibesblicke erhaschend, am Strand,
die Sonne brennt heiß,
was ich noch nicht weiß,
mein Körper verspricht einen Mordssonnenbrand.

Was nimmt man nicht alles für Schönheit in Kauf,
lieg schwitzend im Sand,
das Bier in der Hand,
so nimmt die Tragödie selbst ihren Lauf.

Bin krebsrotrot nach Stunden, schlief tatsächlich ein,
ich raffe mich auf,
ein kurzer Verschnauf,
setz langsam das eine vors andere Bein.

Heisch seltsame Blicke, nun gelten sie mir,
ich lächle zum Schein,
im Innern ich grein
und schuld daran war dieses siebente Bier.

Die lautstarken Vorwürfe find ich gemein,
schleich schwankend mich fort,
vom Sonnenpfuhlort,
kein Flirt und kein Date, bleib wie immer allein.

Kein Mensch hört den fluchenden Reuerapport,
ich fall wie ein Stein,
ins Koma hinein,
der rettende Gott kam als Krankentransport.

Das Stehlen war strengstens verboten,
ein Kerl tat das Umfeld ausloten.
Der Laden bewacht,
es war kurz vor acht,
die Kamera filmt den Idioten.

Ein Weib aus den Ferngalaxien,
die konnte durch Raum und Zeit fliehen.
Ihr Ziel fiel genau
auf mich, sie war schlau,
wird nach mir zu anderen ziehen.

Liftgeschichten

Steh am Lift, ich will nach oben,
nutz die Fahrgelegenheit.
Lang erscheint die Wartezeit,
Aufzug kommt, mach mich bereit.
Drängelei, es ist soweit,
werd im Pulk hineingeschoben.

Erst ein Ruck, dann bleibt er stehen,
Angstphobie setzt sich in Trab.
Wurd schon oft das Ding zum Grab,
viele Tote, die es gab.
Urvertrauen, das ich hab,
hilft mir mehr als lautstark flehen.

Wie gestapelt harren alle,
Mief spickt meinen Horrortraum,
denn ein Furz durchdringt den Raum.
Der es war, verrät sich kaum,
hielt den Druck nicht recht im Zaum,
explosiv die Fahrstuhlfalle.

Später las man in der Zeitung,
aller Nerven lagen blank.
Sind entstiegen dem Gestank,
als die Hoffnung fast versank.
Bergungsteam gebührt der Dank,
es war eine Einsatzübung!

Grausames Spiel

Er wollt mit ihr spazieren gehen,
hat sie im kalten Eis entsorgt,
den Spaten sich zuvor geborgt,
dabei hat niemand ihn gesehen.

Lang totgeglaubt im Frostesklirren,
entstieg dem Eisgrab seine Frau,
ihr half dabei der Frühjahrstau,
sie kam zurück, ihn zu verwirren.

Des Tags darauf, an Meeres Klippen,
stieß er sie in das Wassergrab,
sank vor ihm in die Tiefe ab,
ersparte sich das mühsam Schippen.

Der Kerl soll büßen für die Tücken,
schwamm unverletzt ans feste Land,
daheim ward er zur weißen Wand,
sie lachte lauthals, voll Entzücken.

Ließ ihren Mann entmündigen,
ein Platz im Haus und Bett wurd frei,
rief ihren Liebhaber herbei,
vorbei das heimlich Sündigen.

Der Winter war ins Land gezogen,
sie lockte ihren Mann zum Eis,
entsorgte ihn dort tief und leis,
bekam den Tipp vom Psychologen.

Euphorie durch Lotterie

Das Loch schluckt die Kugel,
ein Loshauptgewinn,
gewaltiger Jubel,
gleich Scheidung im Sinn.
Entkomme dem Trubel,
ein neuer Beginn,
vorab rollt der Rubel,
trag höher mein Kinn.

Zieh gleich aus dem Haus aus,
denn *Sie* reizt, erfrischt,
ist modisch, nicht Graumaus,
dem Manne entwischt.
Wir leben im Traumhaus,
Gewinn, er verlischt,
hab ihr unter Applaus,
den Schein aufgetischt.

Ich seh voll Entsetzen,
das Datum mir an,
mir hängen die Lefzen,
am Glück ist nichts dran.
Muss mich erst mal setzen,
gescheitert mein Plan,
zerreiß ihn in Fetzen,
erliege dem Wahn.

Wie gern zög er mit seinem Hündchen,
von Usedom direkt nach München.
Die Miete zu teuer
die Frauen voll Feuer,
das kostet doch mehr als ein Sümmchen.

Ein Spanner stand lüstern am Strand,
den Feldstecher in seiner Hand.
Das Fernrohr gezückt,
die Maid schwamm beglückt,
doch dann warf das Luder mit Sand.

Ungeteilte Freude

Sehr fies, meist kurz,
ein kleiner Furz,
den keiner recht vermisst.
Man hört ihn nicht,
was dafür spricht,
dass er sich anschleicht ohne Frist.
Dann schaut ein jeder jeden an:
Hat er das oder sie getan?
Woher kam er gekrochen?
Stets ungelöst verbleibt die Frage.
Zu zweit, zu dritt, zu viert,
höchst ungeniert wird diskutiert,
dann wird die Suche abgebrochen.
Der Übeltäter peilt die Lage,
und überlässt den üblen Duft,
der fensterfrischen Luft.
In Blicken vorwurfsvoll
fixiert er heuchlerisch die Runde,
fand seinen Galaauftritt toll.
Nach einer knappen Stunde,
man glaubt es kaum,
verlässt der Kunde,
voll Schadenfreude diesen Raum.
Zu guter Letzt,
wohl auch zum Trutz,
hat er im Gehen nochmals kurz
die neue Luft versetzt
mit einem Abschiedsfurz.

Nur ein Spaß

Inmitten auf der Autobahn,
sind im Galopp zwei Kühe.
Man glaubt, sie hätten Rinderwahn,
ihr Sprint ganz ohne Mühe.
Missachten Überholverbot,
das Limit überschritten.
Bei Kollision wären sie tot,
ihr Hirn hat schwer gelitten.
Im Nacken sitzt die Bullerei,
dabei, die zwei zu jagen.
Ein *Er* zieht im Galopp vorbei,
verfolgt sie schon seit Tagen.
Im blinden Eifer sieht man nicht
die Spursperrhinweisschilder.
Bevor er sich den Nacken bricht,
wirkt er im Tod noch wilder.
Den Rindern droht Totalgaraus,
ein Fahrzeug kommt gefahren,
bringt sie ins nächste Schlachterhaus,
um sie dort zu verwahren.
Zerlegt nach dieser Raserei
zwei Kühe und ein Bulle.
Im Nachhinein wohl einerlei:
Sie landen auf der Stulle.

Glück gehabt

Lass Gnade sein vor Recht,
sprach Raupe einst zum Specht.
Er hat nicht schlecht gestaunt,
noch war er gut gelaunt.
Die Raupe blass und fahl,
sich aus dem Blickfeld stahl.
Und eh er sich's versah,
war sie schon nicht mehr da.
Erzürnt klopft er am Baum,
verpuppt war längst sein Traum.
Bohrt fleißig sich ein Haus,
dahin der fette Schmaus.
Das runde, lange Ding,
es wurd zum Schmetterling.
Flog bunt um ihn herum,
frohlockte: *Du bist dumm.*
Du hättest mich gehabt
und dich an mir erlabt.
Dein Hirn, das leidet sehr,
durch Klopfen immer mehr.
Der Wurm, der war einst ich,
für dich verwunderlich.
Bestehst du die Klausur,
verstehst du auch Natur.
Sprach's aus und flog schnell fort,
zum Eibefruchtungsort.

Man sollte es wahrlich nicht glauben,
ein Pastor schoss abends auf Tauben.
Sie flogen gebraten,
mit Koordinaten,
zu ihm, dabei drehten sie Schrauben.

Schneewittchen mit den sieben Zwergen,
die lebten hinter sieben Bergen.
Was keiner gewusst,
ihr fehlte `ne Brust,
sie konnt´s vor dem Prinzen verbergen.

Konkurrenzlos

Fasziniert zieht sie mich in Bann,
Kulleraugen schaun mich fragend an.
Denkt bestimmt, lass du mich bloß in Ruh,
sanft berühr ich sie, sie lässt es zu.

Glaube gar, du bist geschockt, hast Angst,
wenn ich wüsst, wovor du ständig bangst.
Red mit dir, lass völlig außer Acht,
dass dein Freund dich argwöhnisch bewacht.

Kolossbergerscheinung stürmt heran,
nehm Reißaus und laufe, was ich kann.
Rasch erkenn ich, das ist sein Revier,
Flucht gelingt vor Kuh und deren Stier!

Rachezug

Sein Dackelblick soll mich versöhnen,
mit Rosengebinde verwöhnen,
längst bin ich ihm Meilen voraus.

Ich spiel mit den besseren Karten,
kann Mitleid von mir nicht erwarten,
Gedanken an ihn sind ein Graus.

Was hat er mir alles versprochen,
hat all seine Eide gebrochen,
Beziehung, sie steht vor dem Aus.

Ich pack alles ein beim Verlassen,
er wird mich in Ewigkeit hassen,
zurück bleibt ein fast leeres Haus.

Ungelöst

Hab stundenlang als Single mich geschunden,
empfand den Schlankheitswahn latent als Zwang.
Genussvoll ließ ich mir die Speisen munden,
die frisch verliebt ich kiloweis verschlang.
Ich hatte endlich mein Pendant gefunden,
als Küchenfee war sie ein toller Fang.
Das Hüftgold hat sich schamlos eingefunden,
der Duft des Essens den Verstand durchdrang.

Entschied mich einst, am Hungertuch zu nagen,
den Bodyindex trimmte ich zurecht.
Hab lange dies Martyrium ertragen,
wollt punkten bei dem weiblichen Geschlecht.
Mit ihr zog in mein Leben Wohlbehagen,
zu jeder Stund kam mir das Schlemmen recht.
Die wahre Liebe haftet nicht im Magen,
durch Fülle schwand das Bild vom tollen Hecht.

Ließ mich vom Überangebot verleiten,
als knuddeligen Bär fand sie mich nett.
Die Kalorien in den Süßigkeiten,
auf Dauer machten sie mich krank und fett.
Ein Liebeslager wollt ich ihr bereiten,
dabei zerbrach der Lattenrost im Bett.
Schwank seither wie ein Meer in den Gezeiten,
mal bin ich sumoähnlich, mal Skelett.

Hör seit Jahren schon die Glocken,
wie sie bimmeln, wie sie rocken.
Laut ist jeder Schlag,
selbst am Feiertag,
dies nennt nun der Herr *Frohlocken*.

Ging heim mit zwei Sexappeal-Frauen,
nicht ahnend, dass sie mich beklauen.
Doch mitten im Spiel,
fast war ich am Ziel,
sind sie mit dem Geld abgehauen.

Raffinesse

Ein bildhübsches Blondchen, so Ende der Zwanzig,
stolziert beifallheischend am Strande entlang.
Es geifern die Mäuler der Sorte „fast ranzig",
sie starren hypnotisch ihr nach wie im Zwang.

Ihr String und die Kurven, mehr kann sie nicht bieten,
sucht lang schon verzweifelt nach Luxus und Geld.
Vergeblich traf sie auf meist schillernde Nieten,
ertragslos die Ernte, denn brach lag das Feld.

So schwebt sie in sexbetont reizendem Gange,
den Zufallsfund witternd, mal hin und mal her.
Ihr Hüftschwung verführt, wie in Eden die Schlange,
die lüsternen Molche, das fällt ihr nicht schwer.

Sie wird ihn bald finden, den richtigen Deppen,
der sucht nach erotischer Vorzeigefrau.
Im Zweitfrühlingshoch kann sie so einen neppen
und plündert ihn aus, so läuft ihr Supergau.

Traummenü

Der Kühlschrank barg sechs Rinderwürstchen - offen,
bisher verließ sie nicht ihr Lebensmut.
Ein Zugriff aus dem Urlaub nicht akut,
auf fremde Hilfe konnten sie nicht hoffen.

Der Nachbarsduft, das war ihr größtes Leiden,
die Tränen wurden Schleim, die Körper fahl.
Die Maden nahmen zu in ihrer Zahl,
der Käse obenauf war zu beneiden.

Er nutzte seine Chance davonzuschleichen,
entwich erwärmt den Ritzen im Papier.
Kam tropfend an, im unteren Revier,
ein Stromausfall, der stellte seine Weichen.

Bereits geplatzt war jede Würstchenhülle,
dafür bedeckte sie ein Käsekleid.
Nach Wochen endlich endete ihr Leid,
als Traummenü versank es in der Gülle.

Begierde

Denk die ganze Zeit an ihn, er fehlt mir grad so sehr.
Wenig von ihm macht nur Lust, will meistens noch viel
mehr.
Hab die Blicke seiner Augen früh noch schnell erhascht,
trennte mich von ihm nur schwerlich, hätt ihn sonst
vernascht.

Was ich an ihm schätze, sind Einfachheit und Wärme,
kann gekonnt verführen, wovon ich oft so schwärme.
Meine Freundin sah ihn kurz, seitdem hoch inspiriert,
führt ihn ein, ganz sicherlich, und zwar ganz ungeniert.

Denn sie ist bei mir im Hause - wartete sie auf mich?
Wenn sie ihm nicht widersteht, das wäre fürchterlich.
Sie hat mir bei Gott geschworen: *Ich rühr ihn nicht an.*
Ist Verlass auf diesen Schwur? Pirsch mich heimlich ran.

Frisch ertappt, genüsslich schwelgend, über ihn gebeugt,
rot die Wangen, was bedeutet, sie wurd überzeugt!
Werd einmal, zwar nur mit ihr, meine Liebe teilen,
lang noch würde er in uns warm und glücklich weilen.

Wie oft wurde in mir schon die Glut durch ihn entfacht!
Lechzend kommt aus ihrem Mund, die Stimme klingt so
sacht:
„Möcht ihn heiß, mit Lust genießen, lang schon plagt
die Gier,
erst ist dieser Eintopf dran, danach brauch ich ein Bier!"

Ist das Fernsehbild mal stille,
leg zur Seite deine Brille.
Schieb nicht länger Frust,
mach dir selber Lust,
schluck ganz schnell die blaue Pille.

Ein Jüngling kam aus Niederbayern,
der trug ein Glöckchen an den Eiern.
Wenn das erschellte,
der Hofhund bellte,
dann war das Hochzeitspaar am Feiern.

Vergessen

Die Rollen sind leer, darum muss ich flugs gehen,
in meinem Geschäft will ich einkaufen heut.
Bis dahin geschafft, was mich unendlich freut,
bezaubernde Dinge sind rundum zu sehen.

Regale mit Essen, Getränken und Waren,
wohin nur zuerst, das Gedächtnis ist leer.
War´s Obst oder Fleisch, die Entscheidung fällt schwer,
vielleicht sollt ich vorher nach Haus noch mal fahren.

Doch werde ich hier keine Zeit mehr verlieren,
getrieben zum Einkauf - zu viel Angebot.
Geh krampfhaft was suchen, steh nun vor dem Brot,
vorm Klopapierpapierfach will ich grad resignieren.

In diesem Moment wird es flau mir im Magen,
geschwind nehm ich drei dieser Packungen raus.
Wenn ich es nicht halten kann, das wär ein Graus,
stürm eilig nach vorn, denn die Därme, sie plagen.

Geh hurtig zur Kasse, die Ware zu zahlen,
entsetzt schau ich drein, denn ich stelle grad fest,
kein Cent ist zu finden, kein kläglicher Rest.
Es zeigt sich am Beispiel: Dement sein bringt Qualen!

Totaler Reinfall

Er wollte zwei Plätze zum Festanlass buchen,
ein Feinschmeckerrestaurant sollte es sein.
Lud seine Geliebte dazu herzlich ein,
ein Schmankerl fand er in Reklamen beim Suchen.

Die Preisliste schockte, ließ beide leis fluchen,
ein riesiger Teller, Portion recht klein.
Der Schoppen im Glas roch nach korkigem Wein,
als Nachtisch servierte man matschigen Kuchen.

Das Biosteak schmeckte nach Supermarktkette,
durchzogen das Fleisch, voll der ekligen Fette,
zur Show wurde dies noch am Tische flambiert.

Fünf Sterne, welch Hohn zu der Billigfacette,
vom Kellner die Rechnung war sicher frisiert,
hat mürrisch sein kärgliches Trinkgeld kassiert.

Unvorstellbar

Sie jugendlich knackig, ich reif in den Tagen,
dass wir uns gefunden, war reiner Zufall.
Mein Balzen warf Echo und hörbaren Hall,
fast gleichzeitig kamen Gefühle zum Tragen.

Das Flirten lief heiß in verfänglichen Lagen,
die Seelen durchfloss ein vibrierender Schall.
Die Zeit war zu kurz, es kam bald schon zum Knall,
wie konnt sie den Vorschlag nur überhaupt wagen?!

Tat kund, dass mein Alter am Lieben sie hindert,
statt Tochter, die Mutter, ihr schmerzhafter Deal,
ließ Alkohol fließen, ich meinte, das lindert.

Ich suchte mir krampfhaft ein Ablassventil:
Durch Holzhacken wurde ein Mord noch verhindert,
es traf mich ins Mark: Was zu viel, ist zu viel!

Laut schluchzend beteuert am Grabe,
ein Witwer, wie lieb er sie habe.
Minuten nur später,
wird er zum Verräter,
in ihm erwacht lüstern der Knabe.

Ein Fährmann vom Städtchen Cuxhaven,
der konnte des nachts kaum noch schlafen.
Das Blasending schwoll,
war überrandvoll,
die Prostata tat ihn bestrafen.

Geködert

Den Mann aus dem Internet heut zu besuchen,
wie bin ich gespannt, meine Vorfreude groß.
Noch einmal im Leben will ich es versuchen,
vielleicht fällt mir dabei das Glück in den Schoß.

Auf Wolken getragen, in Prada gekleidet,
in Highheels gezwängt, tret ich ein in sein Haus.
Wie hat er sich an meinem Anblick geweidet,
aus zahnlosem Mund kommt nur Lallen heraus.

Vor ihm eine Flasche, der Raum riecht nach Knoblauch,
die Reste von Speisen verzieren das Hemd.
Aus offener Hose quillt eklig ein Schmerbauch,
das Bild, das ich hatte, erscheint mir so fremd.

Getäuscht von dem Foto aus besseren Tagen,
da türmten sich Berge von Abwasch nicht auf.
Wie hat er gelogen, wie konnt er es wagen!
Ihm fährt noch ein Furz raus, das nimmt er in Kauf.

„Adieu!", sag ich laut und mach kehrt auf dem Hacken,
dabei bricht der Absatz im Holzdielenspalt.
Den Ärger, den schluck ich, der muss erst mal sacken,
ich schwör mir: Da wird´ ich allein lieber alt!

Ewige Jugend

Will ihren Abwärtsgang besiegen,
mit Botox und mit Silikon.
Nie kommt das Altern zum Erliegen,
nur Haut bezieht neu Position.

In Creme versteckt, Q 10 zum Glätten,
deckt Poren zu, macht Falten platt.
Sie weiß, was Männer gerne hätten,
ein Oberflächenface, aalglatt.

Orangenhaut ist schlecht zu stoppen,
doch Fitnesstraining mindert dies.
Das Barbie-Image nicht zu toppen,
im Konkurrenzkampf äußerst fies.

Flanierend heischt sie Beifallsblicke,
doch ungeniert taxiert ihr Mann
die andren Frauen, junge, schicke,
Natürlichkeit hält ihn im Bann.

In Ewigkeit währt Götterjugend,
exorbitant wär diese Tugend!

Ritual

Relikt für uns, schon fast okkultgeladen,
trifft man zu viert sich an gewissem Ort.
Es gibt ein „Fleisch-hors-d'oevre" ohne Maden,
und Wodka spült im Kopf die Bilder fort.

Dem Richter, Arzt, Bestatter, mir als Lehrer,
wird im gedämmten Licht ein Kopf serviert.
Wir sind fast krankhaft Sinneslustverehrer,
ein jeder vor dem Eingriff sich geniert.

Der Richter schneidet ab die Wangenteile,
gekonnt entnimmt der Arzt für sich das Hirn.
Die Ohren schnapp ich mir in aller Eile,
dem Ortsbestatter bleibt die weiche Stirn.

Nur Knochenreste zeugen noch vom Essen,
verschwinden im Entsorgungsabfalltopf.
Ein Lob dem Hausherrn wäre nicht vermessen,
servierte uns den besten Schweinekopf.

Der Postbote, etepetete,
trägt aus, seine schweren Pakete.
Ein riesiges tickt,
von Fernost verschickt,
sein Inhalt war eine Rakete.

Sein Konto stand ständig im Minus,
dabei war er mal Matheprimus.
Beim Banküberfall,
raubt er mit `nem Knall,
viel Geld, seitdem lebt er im Luxus.

Menschlich

Meist ist es bekannt, dass der Kuckuck nicht brütet,
legt heimlich ein Ei in ein ihm fremdes Nest.
Vom Weibchen gewärmt, das die Brut streng behütet,
entschlüpft dieses Federvieh ganz ohne Test.

So bleibt bei der Spezies lange verborgen
die Herkunft der Gattung und wer sie gemacht.
Vermeintlicher Vater muss Futter besorgen,
wer schöpft schon bei Fremdvögeln Herkunftsverdacht?

In Freuden sich wähnen die arglosen Pärchen,
was folgt, ist die Aufzucht mit Mühe und Fleiß.
Der Vogel wird braun, für die Eltern ein Märchen,
vom Kuckucksbetrug nur die Nachbarschaft weiß.

Verdutzt schiebt der Vater der Vogelfrau unter,
dass sie eine echte Betrügerin sei.
Hinein in den Streit ruft das Balg fröhlich munter:
Ich bin euer Nachwuchs, ich war doch im Ei!

Nachruf

Nicht jeder, der vorgibt, in Trauer zu sein,
meint es ehrlich.
Steht bitterbös weinend am Grabe, zum Schein,
unentbehrlich.
Erwartet im Nachlass ein Erbe, nicht klein,
höchst begehrlich.
Vermögen wird ihm nicht gehören allein,
wohl absichtlich.

Das Falsche war genbedingt, lag ihm im Blut,
nicht nur Weißbier.
Eröffnung des Testaments bringt ihn in Wut,
dieses Stinktier.
Vor Fledderei war dieser Leichnam auf Hut,
roch die Geldgier.
Hab alle mit Reichtum getäuscht, diese Brut,
Herr, vergib mir!

Teuflische Tücke

Verschmachtende Blicke und heiße Signale,
empfangsbereit schlagen sie ein wie ein Blitz.
Mein Herz wechselt über in ihren Besitz,
als Autopilot steuern sie die Zentrale.

Das Blut kommt bei Tuchfühlung mächtig ins Wallen,
sie manipuliert mit Esprit meinen Scharm.
Ich hoffe, die Frau nimmt mich nicht auf den Arm,
denn sinnesgetrübt hat die Lust mich befallen.

Das Glück ist mir nahe, bekomme bald Klarheit,
kann fühlen, wonach ich mich ständig verzehr.
Der Rausch der Erotik steigt auf und wird mehr,
beim Öffnen der Bluse schockiert mich die Wahrheit:

Die Brüste behaart und verrutscht die Perücke,
beklommen erfrieren Gefühle zu Eis.
Ich renne von dannen, als winke ein Preis,
versteckt im Detail lauern Teufel und Tücke!

Mein Gott, es war mir furchtbar peinlich,
mein Hund, der ist sonst äußerst reinlich.
Nahm ihn mit zur Bank,
er war sicher krank,
sein Häufchen drin stank unwahrscheinlich.

Sie trafen sich in Edens Garten,
um ihre die Liebe neu zu starten.
Die Schlange, sie sprach:
versucht es gemach,
der Apfel kann getrost noch warten.

Schockiert

Nach einem gar schrecklichen Riesendebakel,
nehm ich einen Guru-Termin heute wahr.
Entdecke im Zwielicht den Holztabernakel,
vorausahnend lauern Betrug und Gefahr.

Aus Weihrauch heraus tönt ein böses Orakel,
geht klagend hinüber in tiefere Trance.
An Wänden erkenne ich seltsame Krakel
und Mystik beraubt mich der Sinnesbalance.

Mein Geist wird erfasst wie von einem Tentakel,
die Weissagung raubt mir den letzten Verstand.
Erleuchtet erfahr ich die Sünden und Makel,
auch dass ich bald ende im Gluthöllenbrand.

Mit lautstarkem Gong endet dieses Spektakel,
geläutert verlass ich den düsteren Ort.
Für dies inszenierte Komödiantenmirakel
ist all mein Erspartes mit einem Schlag fort.

Todesangst

Ein Schrei durchbricht um Mitternacht die Stille,
gespenstisch hängt der Nebel tief herab.
Im Schein der Lampe, größer die Pupille,
erkenn ich schemenhaft ein frisches Grab.

Im Wahne seh ich hinter Bäumen Schatten,
beim Weitergehen fällt mein Blick dorthin.
Verhängnisvoll für mich die Grabsteinplatten,
fall unglücklich beim Stolpern auf mein Kinn.

Benommen such ich nach des Schreies Ursprung,
von hinten knirschen Schritte auf dem Weg.
In Wahnsinnsangst beschleicht mich eine Ahnung:
Ich werd getötet, wenn ich mich beweg.

Schon streift ein warmer Atem meinen Nacken,
die Knie sind weich, ein Arm berührt mich leicht.
Bekomme die Gestalt am Haar zu packen,
ein zweiter Schrei, bevor die Starre weicht.

Mein Weib reißt mich abrupt aus Schlaf und Träumen,
führt mich nach Haus, legt mich ins warme Bett.
*»Du bist gewandelt auf dem Friedhof unter Bäumen,
dein Kinn, es glänzt vom Sturz tiefviolett!«*

Blutspur

Er scheint wie tot in seiner roten Pfütze,
das Rad verbeult, daneben eine Mütze.
Des nachts halb zwei auf dunklem, schmalen Wege
sieht ihn beschwipst ein Mann vor einem Stege.
Er meldet im Revier dies voll Entsetzen:
nicht ansprechbar und Blut in Kleiderfetzen.

Aus dessen Tasche greift er eine Nummer,
ruft an, sein Stimmenton verrät den Kummer.
Bestürzt zeigt sich die Frau am andern Ende,
sei schwanger und es gebe keine Wende.
Er wollt das Glück begießen mit Kollegen,
war hoch erfreut, bald käm Kindersegen.

In seiner Lache, schrecklich anzusehen,
bleibt Fremder bei ihm trotzdem tapfer stehen.
Die Polizei, sie lässt den Tatort sperren,
erkennt sehr schnell den Zustand dieses Herren.
Noch voll im Suff hält er die Rotweinflasche,
steht torkelnd auf wie Phönix aus der Asche.

Sein Weib vor Ort, stützt ihn beim Heimwärtsgehen,
zur gleichen Zeit beginnen ihre Wehen.
Die beiden Männer war´n nicht zu beneiden,
das Speien konnten sie zum Glück vermeiden.
Wenn alle Leute bloß das Saufen ließen,
sie sähen Wein als Blut nie wieder fließen!

Man sah ihn ins Moor hinein waten,
mit Klopapier und einem Spaten.
Der Kerl fast versank,
nach Gülle er stank,
hat niemand´ sein Moorpech verraten.

Sie haben sich öfters getroffen,
sehr schnell war der Kerl sturzbesoffen.
Ein Bierchen, ein Schnaps,
er greift nach dem Straps,
sie ging und die Rechnung blieb offen.

Filmende

Auf dem Rücken seines Pferdes,
hoch die Sonne im Zenit.
Ohne Nahrung, ohne Wasser,
führt den eignen Steckbrief mit.

Das Gesicht vernarbt und staubig,
von den Weiten der Prärie.
Wird gejagt von einer Meute,
er stahl ihnen Gold und Vieh.

Dieser Cowboy scheint gerissen,
Fährtenspuren löscht er aus.
Führt den Gaul durch Felsenspalten,
ist Verfolgern weit voraus.

Die Winchester scharf geladen,
durch Indianerland sein Ziel.
Plötzlich kommt ein Pfeil geflogen,
stoppt den Ritt, für ihn kein Spiel.

Bringt in Position die Waffe,
denn sein Skalp ist ihm zu lieb.
Auf den Fersen ist der Sheriff,
wehrt er sich, ist er ein Sieb.

Will sich grad den Männern stellen,
mein TV im freien Fall.
Rettung für den Filmrebellen,
durch die Scheibe flog ein Ball.

Gruselcamping

In Grau, fast wie Schwarz, ist der Platz eingehüllt,
nur spärlich fällt Licht aus dem Fenster im Wagen.
Gespenstische Nacht, voller Spannung erfüllt,
beklemmende Ängste verdrehen den Magen.
Ein grässlich Gefühl und dazu dieser Nebel,
verschließe die Tür mit dem Sicherungshebel.

Von fern kommt ein Schatten, schleicht direkt zu mir,
mein Atem stockt, bleibt mir im Halse fast stecken.
Ich kann schlecht erkennen: ein Mensch oder Tier?
Versuche die Umrisse krampfhaft zu checken.
Heut camp ich alleine nach so vielen Jahren,
mein Gatte ist dienstlich nach Hause gefahren.

Schon dreht sich der Türgriff, ich greif flugs zur Pfanne,
Ich mach einen Schritt, darauf folgt laut ein Schrei.
Schlag fest auf den Kopf, für mich peinlich die Panne:
Ich wähle den Notruf, hol Hilfe herbei.
Mein Mann liegt im Eingang, ich sehe ihn heulen,
er kam bald zurück, jetzt verzieren ihn Beulen.

Spiegelbild

Ein Buntspechtmann tat klopfend kund,
die Absicht, die er hegte.
Der Trieb, der ihn bewegte,
war Nahrungssuche für den Schlund,
sein Hämmern schien recht ungesund.

Gelockt von diesem Hammerschlag,
ließ sich ein Weibchen nieder.
Ihr Reiz lag im Gefieder,
der Flirt versüßte ihm den Tag,
genoss es, dass sie ihm erlag.

Die Späne gut verteilt am Baum,
sein Kopf schlug irre Takte.
Der Schnabel Holz zerhackte,
im Nestbau mündete ihr Traum,
die Liebe floss dahin als Schaum.

Belog sein Weib von Anfang an,
das Spiegelbild im Leben.
Sie war ihm treu ergeben,
er flog zur Nächsten nebenan,
der Wendehals entkam dem Bann.

Sie telefoniert hinterm Steuer,
dem Ex gab sie anständig Feuer.
Im Punktkatalog,
ein Punkt ihr nun droht,
das Bußgeld dazu, das wird teuer.

Schenk nie mehr den Frauen Kakteen,
sie würden den Witz kaum verstehen.
Das eine Mal war
es mir noch nicht klar,
traf´s Schwiegermama aus Versehen.

Voll daneben

In den Blättern der Baumwipfel brechen sich,
die blitzenden Strahlen der grellen Sonne.
Es scheint so, sie würde nur scheinen für mich,
erwärmt mein Gemüt mit spürbarer Wonne.

Gedankenversunken lieg ich unterm Baum,
die Zweige bewegen sich leicht im Winde.
Erliege dem Schlaf und durchleb einen Traum,
in Düfte gehüllt, von Blüten der Linde.

Von oben herab fünf schwebende Elfen,
so hübsch sah ich keine in meinem Leben.
Sie streicheln mein Antlitz, wollen mir helfen,
mit ihnen hoch in die Lüfte zu schweben.

Ich spür ihre Lippen, auch feucht einen Kuss,
die Augen beginnen sich grad zu weiten.
Der Kuss war vom Hund, stell ich fest voll Verdruss,
er hat mich besabbert von allen Seiten.

Mein Bücherwurm kommt angekrochen,
er las im Buche schon seit Wochen.
Wie hat er gelacht,
bis spät in die Nacht,
ich hab ihm ein neues versprochen.

Danke

Mein herzlicher Dank gilt all denen, die mir bei der Entstehung dieses Buches hilfreich zur Seite standen.

Helga Wolff / Pendelin, für die Coverzeichnung

Claudia Konrad, für Satz und Covergestaltung

Dr. Wolfgang Weimer, für das Lektorieren.

Meinen Testlesern, für hilfreiche Diskussionen und Tipps.

www.goldstadt-autoren.de
www.written-by-claudia.de

Weitere Werke

Sprudelnder Quell, Präsent in Reimen, Band 1 - 4

In diesen vier Bänden offenbart Ernst Merz, eine ge-
reimte Vielfalt seiner Gedankenwelt.
Mit zeitgenössischem Geschehen und einem Gespür für
Gefühlvolles, Feinsinniges, Tiefgründiges sowie Hu-
morvolles.

Auch als E-Books erhältlich.

Band 1: ISBN 978-3-7347-7379-2

Band 2: ISBN 978-3-7386-5673-2

Band 3: ISBN 978-3-7347-3246-1

Band 4: ISBN 978-3-7412-8805-0